I0026014

TROISIÈME PARTIE

DES CONFESSIONS

DE

JEAN-JACQUES ROUSSEAU.

LETTRE A UN AMI

POUR

SERVIR DE PRÉFACE.

Clermont Ferrand, 10 août 1865.

I.

PRÉAMBULE.

Il faut, cher Georges, que je te fasse un aveu presque humiliant. Sauf la *Nouvelle Héloïse* et les *Confessions*, je n'avais jamais lu J.-J. Rousseau.

Tel est le résultat ordinaire autant que déplorable de ces préjugés que l'on a, en quelque sorte, sucés avec le lait. J'avais entendu dire dans la maison paternelle tant de mal de ce *monstre*, de cet *abominable Rousseau*, que je n'envisageais ses livres qu'avec une espèce de terreur; notre père, contemporain de Voltaire, était Voltairien, — et Dieu sait s'il l'a payé cher aux Jésuites de la Restauration! — C'est donc ainsi que les haines littéraires, comme les

haines religieuses, se transmettent de père en fils presque
à notre insu !... Je parierais que MM. Renan, Edmond
About, Jules Janin, Victor Hugo, etc., etc., sont fils de
vieux et fanatiques Voltairiens.

Je ne me souvenais guère que du titre des *Lettres écrites
de la Montagne*, lorsque m'est venue je ne sais comment
l'idée d'écrire aussi mes *Lettres du penchant de la Montagne*; et tu sais que, chez moi, la plume suit l'idée comme
l'éclair la foudre.

J'avais donc écrit déjà une douzaine de ces lettres à l'a-
dresse de *Dom Julio, moine bénédictin cassinensis* (1), lorsque la tentation impérieuse, irrésistible de lire les *Lettres
de la Montagne* de Rousseau s'est emparée de moi.... je
pressentais ce que je devais y découvrir !...

Après les avoir réclamées à tous les échos de Clermont,
je les trouve, enfin, à la bibliothèque de la ville, où je ne
fais que les entr'ouvrir en voyant qu'on me refuse, comme
si j'étais le premier venu, la faculté d'emporter le volume
afin de le lire sans désemparer ; c'est ma manière d'agir
avec tous les livres qui en valent vraiment la peine.

En revenant, j'entrais chez le libraire V... auquel je ra-
contais cette contrariété, pendant qu'on déballait une caisse
que venait de lui adresser d'office la maison Hachette. Or,
le premier ouvrage qu'on en retire, c'est l'édition complète
des œuvres de J.-J. Rousseau en 13 volumes, à 1 fr. le volume, et le premier que le hasard me met entre les mains
c'est précisément le volume III qui contient les *Lettres
écrites de la Montagne*. Tu vois si les hasards littéraires
me traitent toujours en véritable enfant gâté, en m'en-
voyant tout ce que je désire.

Sans doute, toi qui es versé mieux que personne *in omni*

(1) Tu te souviendras, sans doute, que ce *Julio* est quelque peu parent du fameux abbé *Julio*, le héros si intéressant du *Maudit*, par l'abbé *Trois-Étoiles*.

re scibili, tu sais que les *Lettres écrites de la Montagne* avaient surtout pour objet l'apologie des derniers livres de Rousseau, et de fustiger de main de maître la bonne ville de .... — je veux être clément ! — de Genève, sa patrie, qui, sous l'influence des jésuites, des *Holbachiens* et des Voltairiens, ennemis implacables de Jean-Jacques Rousseau, venait de faire brûler l'*Emile*, ce livre si admirable, et de lancer contre l'auteur un décret de prise de corps, comme avait fait déjà le Parlement de Paris.

Tu comprends l'apologue.... aussi électoral que transparent, surtout à l'endroit des *quatorze voix* données à ton très-humble serviteur contre les quatorze mille jetées d'enthousiasme à un excellent jeune homme, mais dont le plus beau titre à la députation sera toujours d'être le fils de son père et le petit-fils de son grand-père ; ce n'est ni sa faute ni la mienne, et je ne lui en fais ni ne lui en ferai jamais le moindre reproche.

Il n'en est pas moins vrai que mes *Lettres écrites sur le Penchant de la Montagne*, dont j'ai eu l'imprudence de parler et la sottise de lire plusieurs passages à certaines personnes, — un peu trop communicatives, sans doute, — se sont trouvées soudainement arrêtées par ma précieuse découverte... Nous les laisserons dormir !...

Comme, dès cet instant, il ne m'a plus été possible de respirer, de penser, de lire, d'écrire, ni de me souvenir aussi longtemps que je reste dans ma chambre, je me suis mis à courir et par bois, et par vaux, et par monts, un volume de Rousseau dans chaque main, et mon crayon entre les dents, et c'est ainsi que je viens d'arriver à la fin du douzième volume, c'est-à-dire de sa correspondance et de toutes ses œuvres.

Est-il nécessaire de te dire, mon cher Georges, que j'ai retrouvé là mon histoire décalquée dans ses plus minutieux détails? Ces malheureux *Holbachiens* de 1865 n'ont fait.

tous que copier de la manière la plus bête tous ces misé-
rables *Holbachiens* de 1765 — comme X... et X... ont copié
les Diderot et les Grimm ! — Les Grimm et les Diderot
n'accusaient-ils pas aussi Rousseau d'*Erostratisme* (1)?...
N'a-t-on pas essayé aussi de faire transformer Jean-Jacques en un complice de *Damien*, l'assassin de Louis XV ?
— (*Risum teneas*) — Et tout le reste à l'avenant ! Et puis,
Voltaire, le vrai Voltaire n'a-t-il pas fait son *Candide* avec
une des lettres que Rousseau lui avait adressée pour sa défense, comme Ed. About, le faux — ou plutôt le ridicule
Voltaire de 1865 — faisait *l'Homme à l'oreille cassée* comme
contre-partie de ma fameuse *Lettre sur les deux Brutus*,

---

(1) Une lettre anonyme, en date du 11 janvier 1765, qui
est attribuée à l'abbé de Mably, en réponse aux *Lettres de
la Montagne*, contenait ce passage : « Si Rousseau s'était
borné à prétendre que son déisme est un bon christianisme
et qu'on a eu tort de brûler son livre et de décréter sa personne, on pourrait rire de ses paralogismes et de ses para-
doxes, et on aurait dit qu'il est fâcheux que l'homme le
plus éloquent de son siècle n'ait pas le sens commun. Mais
cet homme finit par être un espèce de conjuré. EST-CE
EROSTRATE QUI VEUT BRÛLER LE TEMPLE D'ÉPHÈSE?... EST-CE
UN GRACCHUS ? »

Dans la même page (212 du onzième volume des œuvres
complètes de Rousseau) nous avons encore lu ce passage
que nos lecteurs ne trouveront pas moins intéressant :

« J'ai partout des amis puissants, illustres, et qui, j'en
suis sûr, m'aiment de tout leur cœur ; mais ce sont tous
gens droits, bons, doux, pacifiques, qui dédaignent toute
voie oblique. Au contraire, mes ennemis sont ardents,
adroits, intrigants, rusés, infatigables pour nuire et qui ma-
nœuvrent toujours sous terre, comme les taupes. Vous sentez que la partie n'est pas égale. *L'inquisiteur est l'homme
le plus actif* que la terre ait produit ; il gouverne en quelque façon toute l'Europe :

» Tu dois régner : ce monde est fait pour les méchants.

» Je suis très-sûr qu'à moins que je ne lui survive je
serai persécuté jusqu'à la mort. »

en prenant pour prétexte les deux canards de *la Patrie* du 23 août 1859 ?...

Et puis Rousseau n'a-t-il pas été caissier chez un fermier-général, M. Dupin ?... Puis, n'a-t-il pas été l'hôte et le protégé, et le meilleur ami du maréchal de Luxembourg, l'oncle du marquis de T... qui fut pour moi un second père ?... Rousseau n'a-t-il pas eu aussi à ses trousses deux *Lady Pandore*, et plus : Mme d'Epinay, la maîtresse de Grimm, et Mme de Boufflers, celle du prince de Conti ?... Toutes les têtes couronnées ou découronnées, n'ont-elles pas voulu l'acheter et le pensionner pour mieux l'étouffer ?... Et, par une étrange fatalité, comme je le faisais remarquer pour moi-même dans mon auto-biographie, n'a-t-il point toujours secoué le joug d'un protecteur noble et grand seigneur, pour retomber sous les griffes d'un autre grand seigneur encore plus fatal ou plus hostile, du moins par ses amis ?...

Et chaque fois que l'on voulait le faire déguerpir d'un pays ou d'un logement, ne le poussait-on pas, comme moi, aux dernières limites de l'exaspération, de l'ahurissement et de l'hébêtement, afin qu'il se laissât entraîner à quelque excentricité et que l'on pût dire partout : « Vous voyez bien » que c'est un pauvre fou qui écrit bien et rien de plus ! » Quel dommage !... (1) »

(1) Nous affirmons que, lorsque nous avons écrit cette ligne, nous n'avions pas sous les yeux la lettre de l'abbé de Mably, puisque nous attribuions à Grimm et à Diderot, ou aux *Holbachiens de* 1765, la fameuse accusation *d'Erostratisme* lancée contre l'auteur *d'Emile* et du *Contrat Social*. Mais à propos de cette même accusation, nous venons d'y retrouver la réponse directe de Rousseau dans sa lettre adressée à M. de Saint Germain, datée de Mouquin, le 26 février 1770, page 188 du douzième volume : voici un extrait de cette réponse éloquente.

« L'histoire d'Erostrate est une fable ; mais supposons la vraie : Erostrate, sans génie et sans talent, eut un moment la fantaisie de la célébrité à laquelle il n'avait aucun

Oh! oui, mon pauvre Georges, nos *Holbachiens de* 1865, sont bien, je te le jure, les plus stupides des plagiaires, les plus arides et les plus plats des inventeurs et les plus méprisables des niais, des méchants et des envieux !... Sauf l'électricité et le chloroforme, je crois que pour tout le reste le pauvre Rousseau en a avalé autant que moi, ou peu s'en faut...

droit : il prit la seule et courte voie que son mauvais cœur et son esprit étroit pût lui suggérer. Comptez que s'il se fût senti capable de faire l'*Emile*, il n'eût point brûlé le temple d'Ephèse. Non, Monsieur, on n'aspire point par le crime au prix qu'on peut obtenir par la vertu, et voilà ce qui rend plus ridicule l'imposture dont je suis l'objet. Qu'avais-je besoin de gloire et de célébrité?.... Je l'avais déjà tout acquise, non par des noirceurs et des actes abominables, mais par des moyens vertueux, honnêtes, par des talents distingués, par des livres utiles, par une conduite estimable, par tout le bien que j'avais pu faire selon mon pouvoir : elle était belle, elle était sans tache ; qu'y pouvais-je ajouter désormais, si ce n'est la persévérance dans l'honorable carrière dont je voyais déjà d'assez près le terme?... Que dis-je? je l'avais atteint : je n'avais plus qu'à me reposer et jouir. Peut-on concevoir que de gaieté de cœur et par des forfaits, j'aie cherché moi-même à ternir ma gloire, à la détruire, à laisser échapper de mes mains, ou plutôt à jeter, dans un transport de furie, le prix inestimable que j'avais légitimement acquis? Quoi ! le sage, le brave Saint Germain, retournerait-il à la guerre pour y flétrir, par des lâchetés infâmes, les lauriers sous lesquels il a blanchi? ne sait-on pas qu'une belle réputation est la plus noble et la plus douce récompense de la vertu sur la terre?... Et l'on veut qu'un homme qui se l'est dignement procurée, s'aille exprès plonger dans le crime pour la souiller?.... Non! cela n'est pas, parce que cela ne peut pas être ; et IL N'Y A QUE DES GENS SANS HONNEUR qui puissent ne pas sentir cette impossibilité. »

Eh bien, qu'en dites-vous, Messieurs les *Holbachiens de* 1865?.... Est-ce nous qui dictions ces lignes à Rousseau en 1770, et que nous avons répétées si souvent dans nos propres lettres particulières et inédites, comme dans nos préfaces, dans nos livres, et dans notre polémique avec tous vos petits journaux?...

II.

COMMENT ROUSSEAU EUT TORT DE BRISER SA PLUME (1).

Mais Rousseau a eu peur, il a été lâche! Il s'est renié lui-même!... Il a demandé grâce et merci!... Et qu'est-ce que cela lui a servi?... A priver le monde de quelques milliers de ces magnifiques pages et de ces leçons de morale impérissables qu'implorait de lui l'avenir révolutionnaire par la bouche de Mirabeau, l'auteur de *l'Ami des hommes*.

Le défiant Jean-Jacques préférait aller se mettre à la merci des créatures de la maîtresse d'un prince du sang, et à la discrétion de ses plus implacables ennemis, les Hume, les Grimm, les Trouchin, les d'Alembert, les Diderot, les d'Holbach, etc., etc., etc.

Puis il embrassait tout cela; puis il pleurait comme un veau, au lieu de leur cracher au visage toute l'encre de son

(1) Voilà ce que Rousseau écrivait à Milord Maréchal, gouverneur de la principauté de Neuchâtel (Suisse), quand le roi de Prusse lui eut accordé la permission d'y résider, alors qu'il était chassé de France, chassé de Genève, chassé de Berne, et qu'il ne savait où reposer sa tête :

« Quant à *l'engagement que j'ai pris avec moi-même de* » *ne plus écrire*, ce n'est pas, j'espère, une condition que » Sa Majesté entend mettre à l'asile qu'elle veut bien m'ac- » corder. »

Cette lettre porte la date du mois d'août 1762 ; Rousseau avait donc alors cinquante ans et un mois ; il venait de publier, en trois ou quatre ans : *La nouvelle Héloïse, Émile, le Contrat Social.* Rousseau n'a plus écrit, à dater de ce moment, que *ses Lettres de la Montagne* et ses *Confessions*, dans le seul but de défendre sa mémoire et son caractère contre les attaques de ses nombreux ennemis !... il n'a donc été que trop fidèle à sa parole de ne plus écrire.... malheureusement !

écritoire, tandis que les autres riaient dans leur perrüque et se moquaient de lui.

Est-il nécessaire d'ajouter aussi qu'il a trouvé à Londres, et en Suisse, et à Trye et à Bourgoin absolument les mêmes traitements que l'on m'a imposés à moi-même à New-York, à Jersey, à Londres et en Belgique... et... ailleurs, si bien que dans d'innombrables passages de la correspondance de Rousseau, c'est la mienne que je crois lire et non la sienne ! En vérité, c'est vraiment inouï d'identité, ainsi que tu as pu en juger déjà par plusieurs passages des fragments de cette correspondance, que je viens de citer.

Mais en voyant que Jean-Jacques a eu la lâche faiblesse, à 50 ans seulement, de briser sa plume, lorsqu'il lui avait suffi de la tenir d'une main ferme, pendant dix ans, pour ébranler, faire vaciller et bientôt faire écrouler le vieux monde ; lorsque je réfléchis que de gaîté de cœur il s'est empaillé vivant, comme il le dit lui-même, en arrachant de son front sa cervelle d'essence divine pour y mettre du foin, avec sa stupide monomanie de classer, d'étiqueter et de disséquer des brins d'herbe, — ce qu'on appelle faire de la botanique, — oh ! alors, pour moi, j'en ai senti mon courage se centupler !... Oui, désormais, quoiqu'on fasse et quoiqu'on dise, j'ai juré, — que je trouve ou non des imprimeurs, — que je saurai mourir ma plume à la main, et qu'enfin, à qui viendra désormais me dire de la déposer, je lui crierai : Arrière ! arrière le grec ! arrière le faiseur ! arrière le tartuffe religieux ou politique ! arrière l'empoisonneur ! arrière le scélérat ! arrière enfin tous ceux dont j'ai zébré la face, de mon fouet satirique !......

Pauvre Rousseau ! il n'a pas compris, lui, que c'était le seul moyen de sauver sa tête, si admirablement organisée et si puissante, des étreintes fatales de la folie qui, de 1772 à 1778, ont à peu près paralysé et anéanti ses admirables facultés sous les divagations incessantes de la peur.

Oh! oui, oui! ceux qui doivent, à l'avenir, périr par la folie de la peur, ce sont ceux-là qui tremblent devant la vérité et devant la plume de l'écrivain honnête et pur!...

Aussi, je te le déclare de nouveau, mon cher Georges, depuis quinze jours que je n'ai fait que lire, relire et annoter les trois volumes de la correspondance de Rousseau, au milieu des redoublements de fureur de la police de tous les tartuffes, de celle des grecs, des faiseurs et des maqu....ignons, que tu sais, mon courage, comme je te le disais, a centuplé; aujourd'hui, je dénonce, je déclare et je proclame menteur, idiot, ou instrument de l'une des cinq catégories ci-dessus désignées quiconque aura lu tout ce que j'ai écrit contre mes persécuteurs, — comme il doit le lire s'il se permet de porter sur moi un jugement quelconque, — et de même tout ce que Rousseau a écrit contre les siens, à cent ans de distance, jour pour jour, de 1755 à 1765, comme moi de 1855 à 1865; oui, je tiens pour un menteur, pour un calomniateur, ou pour un mouton systématique, ahurissant et hébêtant avec préméditation, ou pour un agent secret à 10 francs par jour, quiconque s'obstinera à dire que l'infâme persécution à laquelle je suis en butte depuis si long-temps n'est pas la même que celle sous laquelle le magnifique génie de Jean-Jacques Rousseau a été immolé si impitoyablement, et avec une furie et un fanatisme si barbares!

III.

LA TROISIÈME PARTIE DES CONFESSIONS DE JEAN-JACQUES ROUSSEAU.

Partant de là, tu ne seras donc pas surpris, mon cher ami, de ce que je vais te dire, et de la résolution et de l'engagement solennel que j'ai pris vis-à-vis de moi-même.

Grâce à ma pénétrante perspicacité, ou à ma double

vue, comme on est convenu de l'appeler, j'ai acquis la conviction que des soustractions nombreuses et positives ont été opérées dans la correspondance et dans les papiers de Rousseau, et que probablement même *la troisième partie de ses Confessions* et ses documents principaux, surtout ceux qui concernaient son séjour en Angleterre, ont été anéantis de son vivant ou à sa mort ; — tu sais que ses confessions n'ont été publiées qu'après lui.

Or, l'œuvre que je médite, et qui est déjà commencée, — selon mon habitude de ne pas laisser l'idée ou l'inspiration se refroidir, — c'est de compléter ses *Confessions* en faisant et refaisant cette *troisième partie* qui manque complétement, et qui pourrait encore sortir de ma plume, si utile, si vraie, si accablante, si terrible pour tous les persécuteurs présents, passés et à venir, si, comme j'ose un peu l'espérer, Dieu veut bien m'aider encore à mener cette œuvre jusqu'au bout.

Oui, mon cher ami, je crois, je suis certain qu'il n'y a qu'un homme qui pourrait faire ce livre comme Rousseau l'eût fait... s'il s'était agi d'un autre que de lui-même ; et cet homme c'est moi !... oui, c'est moi, c'est moi seul !...

Eh bien, mon cher Georges, commences-tu à comprendre maintenant cet immense chorus de tous les *Holbachiens* modernes ou rédacteurs de tant de petits journaux, ou des Triglyphs et autres *noticiers* de la boutique que tu sais ? Comprends-tu, enfin, pourquoi tout cela ne cesse, depuis plusieurs années, de déblatérer, — About et Victor Hugo en tête (1), — contre *cet ignoble valet, ce dernier des valets*, comme dit M. About dans son *Progrès*, qui

(1) Les sept mots en italiques reproduits dans cette ligne sont textuels et M. Jules Levallois, le critique de l'*Opinion nationale*, où M. Edmond About fait ses fameuses *Causeries*, se contentait de dire qu'on ne répondait pas à de pareilles assertions. Nous ne sommes point de son avis et nous croyons au contraire qu'on doit y répondre, ou mieux, lais-

s'appelait Jean-Jacques Rousseau ?.... Oui, mon cher Georges, comprends-tu pourquoi, à pareil jour, au mois
d'août 1855, il y a dix ans, lorsque je datais de Jersey
mes lettres écrites sur la falaise et dans les bruyères de cette
île délicieuse, comprends-tu pourquoi de braves gens, voisins de mon cottage de Saint-Aubin, lorsque je leur portais
mes dernières lettres publiées, s'écriaient :

« Oh ! c'est vous qui êtes le nouveau Voltaire, le nou-
» veau Rousseau... et un peu le diable, car on dit que tou-

ser Rousseau y répondre lui-même. Citons, d'abord, son
billet à M. de Voltaire, daté de Motiers-Travers, le 31
mai 1765 :

« Si Monsieur de Voltaire a dit qu'au lieu d'avoir été
secrétaire de l'ambassadeur de France à Venise j'ai été SON
VALET, MONSIEUR DE VOLTAIRE EN A MENTI COMME UN IMPU-
DENT !

» Si dans les années 1743 et 1744 je n'ai pas été premier secrétaire de l'ambassadeur de France, si je n'ai pas
fait les fonctions de secrétaire d'ambassade, si je n'en ai pas
eu les honneurs au sénat de Venise, j'en aurai menti moi-
même. »

Nous avons déjà cité quelques lignes de la lettre que
Rousseau écrivait, en août 1762, à Milord Maréchal pour
remercier le roi de Prusse de l'asile qu'il lui accordait dans
le canton de Neuchâtel, lorsqu'on lui refusait *la terre* et
l'eau — ce sont ses expressions — en France, à Genève et
à Berne. Voilà ce que nous trouvons encore dans cette
même lettre sur le sujet qui nous occupe. On verra comme
ce valet des valets parle aux têtes couronnées :

« En général, j'estime peu de rois et je n'aime pas le
gouvernement monarchique ; mais j'ai suivi la règle des
Bohémiens qui, dans leurs excursions, épargnent toujours
la maison qu'ils habitent....

» Quant à ma manière de penser, en général, sur quelque matière que ce puisse être, elle est à moi, né républi-
cain et libre ; et tant que je ne la divulgue pas dans le pays
où j'habite, je n'en dois aucun compte au souverain ; car
il n'est pas juge compétent de ce qui se fait hors de chez
lui par un homme qui n'est pas né son sujet. »

Le roi de Prusse, en réponse à cette lettre, fit dire à
Rousseau « qu'il se ferait un plaisir de lui faire bâtir un

» tes vos prédictions s'accomplissent à la lettre... oh ! vous
» verrez... on vous mettra en prison ! — Et pourquoi, s'il
» vous plaît ? — Si vous êtes à la fois Rousseau, Voltaire
» et un peu sorcier... c'est trois fois plus qu'il n'en faut
» pour.... Jersey ; ainsi prenez bien garde à vous !... (1). »

Tu vois, mon cher ami, que ce n'était pas précisément
comme une flatterie que l'on m'adressait un compliment si

ermitage à sa fantaisie et dont il choisirait lui-même l'em-
placement. » Où trouverait-on maintenant un homme assez
hardi pour écrire une pareille lettre, et un roi qui y répon-
drait comme fit le roi de Prusse? Mais voyons comme Rousseau répondait encore à cette dernière offre :

« J'ai répondu à Milord Maréchal que j'étais touché des
» bontés du roi, mais qu'il me serait impossible de dormir
» dans une maison bâtie pour moi d'une main royale, et il
» n'en a plus été question. J'ai trop mal pensé et trop mal
» parlé du roi de Prusse pour recevoir jamais ses bienfaits,
» mais je l'aimerai toute ma vie. (Tome dixième, page
» 379). »

Nous pourrions multiplier à l'infini les citations du même
genre et les réflexions qu'elles nous inspirent ; mais nous
pensons que cela doit suffire pour faire comprendre au lecteur l'intérêt immense que devra inspirer la *troisième partie des Confessions* de J.-J. Rousseau, et quelle réponse ce
sera à tous ses détracteurs anciens et modernes!!!

Un dernier trait cependant à l'adresse de quelques-uns
de ceux-ci surtout. Rousseau écrivait à Madame de Boufflers, la maîtresse du prince de Conti, qui l'engageait à se
réfugier à Londres : « Quoi, Madame, moi qui ne puis plus
sans horreur souffrir l'aspect d'une rue, moi qui mourrai
de tristesse lorsque je cesserai de voir des prés, des buis-
sons, des arbres devant ma fenêtre, irai-je maintenant ha-
biter la ville de Londres? irai-je à mon âge, et dans mon
état, chercher fortune à la cour et me FOURRER PARMI LA
VALETAILLE QUI ENTOURE LES MINISTRES?.... » (tome
dixième, page 363.)

Eh bien, que dites-vous, Monsieur Edmond About, de
ce mot de la fin?.... et de *ce dernier des valets?....*

(1) Extrait de la lettre du *Petit Figaro* de New-York à son
confrère le *Punch* de Londres, imprimée à Londres, le 5
octobre 1855.

écrasant, alors que je n'avais encore guère écrit et imprimé
que trois cents pages de prose, et une seule comédie en
vers... — je me dispense de la nommer. — Je ne compte pas
ce qui était et ce qui est resté inédit jusqu'à ce jour, ce qui
ferait un bien gros volume.... de *Confessions*... qui font peur
à tant de monde.

IV.

CONCLUSION ET MORALE.

Avant de terminer cette lettre qui commence à n'en plus
finir, laisse-moi ajouter encore quelques lignes, car il n'est
pas, selon moi, d'écrit littéraire si minime qui ne doive
avoir sa conclusion et porter avec soi sa leçon morale,
c'est-à-dire, l'*Epymuthion* des anciens grecs ; ne pas con-
fondre avec ceux de certains cercles et salons où l'on joue.

Oui, il est trop vrai, et je dois le reconnaître, que Jean-
Jacques Rousseau était devenu fou lorsqu'il a succombé ;
oui, il était fou, et bien fou. je ne le nie pas ; la goutte d'eau
avait commencé à faire le vide dans son cerveau trop visi-
blement, dès 1770. lorsqu'il n'avait encore que 58 ans...
et huit années à vivre en proie à toutes les souffrances et à
la plus déplorable misère !... C'est une justice dont on ne
saurait trop tenir compte devant la postérité, et dont on ne
peut trop faire remonter la responsabilité et l'infamie si
méritée au front des Diderot, des d'Alembert, des Grimm,
des d'Holbach, des Tronchin, des Voltaire et surtout... de
certaines grandes dames, plus ou moins maîtresses de ces
MESSIEURS, et d'autres aussi.

Alors, comme Rousseau les désigne lui-même si souvent, CES MESSIEURS, oui CES MESSIEURS avaient tous pour
maîtresses de grandes dames — et Rousseau avait eu l'immense tort de dédaigner ou de n'oser être l'amant de
plusieurs ! — il est vrai que les Holbachiens d'aujourd'hui

2

ne sont plus si bien portés, et que loin d'avoir de *grandes dames*, c'est tout au plus s'ils en ont *de petites*... on les estime si peu... et l'on a raison !...

C'est avec préméditation que nous ne disons rien ici du ministre de la police de ce temps-là que Rousseau avait frappé maladroitement en croyant le caresser et le flatter... En fait de flatterie, Rousseau avait la pierre lourde ; mais n'en est-il pas plusieurs aussi, — parmi les plus puissants, — auxquels nous n'avions jamais pensé, et qui ont pris aussi pour eux tant de choses que nous avions écrites sans songer à leur endroit le moins du monde à mal?... De même que ceux-ci, M. de Choiseuil se vengea en laissant faire impunément tout ce que voulurent faire ou faire faire tous les ennemis de Rousseau ; mais Dieu lui réservait une revanche formidable, leçon terrible qui devrait être sans cesse présente à la pensée de tous ceux qui sont assez aveugles et insensés pour oser persécuter un homme de génie !!!

Jean-Jacques Rousseau succombait au mois de juillet 1778, et onze ans après, au mois de juillet 1789, la Bastille tombait avec la royauté sous les coups que Rousseau leur avait portés... avec sa plume !..... Puis, de tous ces prêtres, de tout ce parlement qui l'avaient condamné, de toute cette aristocratie si puissante, si riche, si superbe et si orgueilleuse, de toutes ces courtisanes royales ou princières, qui avaient pesé sur son exil d'un poids si épouvantable, de tous ceux qui avaient rendu au pauvre Rousseau la vie si dure, si insupportable, si impossible... oui, ceux d'entre eux qui, à leur tour, ne promenaient pas leur sombre et triste misère, comme des mendiants inutiles, haïs et méprisés, dans tous les coins de l'Europe, ceux-là avaient aussi perdu la tête.... mais autrement qu'ils ne l'avaient fait perdre à Jean-Jacques Rousseau.... sous le tranchant du couperet révolutionnaire !...

Et, au même moment, quatorze ou quinze ans après

le décès si misérable de ce pauvre Jean-Jacques Rousseau,
— répétons-le toujours et de plus en plus hautement —
que l'on avait fait mourir de misère et de folie, à force de
désespoir, oui, les cendres de ce fou si cruellement persécuté traversaient triomphalement toutes les rues de Paris,
au nom de la France, de la Patrie et de l'Humanité recon-
naissante, et on les déposait sous le plus magnifique mau-
solée qui ait jamais été consacré à la mémoire des grands
hommes, sous le dôme du Panthéon !.... et plus l'humanité
avance et progresse, et plus elle applaudit et plus elle ap-
plaudira à cette juste et légitime apothéose !....

Combien alors, parmi les persécuteurs survivants de
Jean-Jacques, combien ont dû se dire : « Oui, cet homme,
cet écrivain était bien réellement inspiré de Dieu, et nous
avons eu grand tort de le persécuter et d'ameuter contre
lui, jusqu'à son dernier jour, le monde entier!.... car Dieu
le venge comme il ne venge que ses élus les plus chers ; et
peut-être que si on l'eût laissé vivre honoré et respecté,
comme on le devait, peut-être son éloquente plume, même
à quatre-vingts ans, eût été encore assez puissante pour
nous sauver tous !.... »

Allons, messieurs les valets, laquais et commères, et
bourreaux, et tourmenteurs, aux gages des tartuffes, des
grecs, des faiseurs, des empoisonneurs, des escrocs de toute
espèce, des violeurs et des voleurs de jeunes filles, — sous
le masque d'un faux Smerdis, — allons, MESSIEURS, consom-
mez votre œuvre, assassinez aussi de la même manière
celui que, dès ses premières pages, on avait appelé LE
NOUVEAU ROUSSEAU, afin que Dieu vous inflige le même
châtiment, et qu'il détruise à jamais, cette fois, la race à
jamais exécrable de TOUS LES PERSÉCUTEURS, SOUS QUELQUE
MANTEAU QU'ILS SE CACHENT !... Amen !...

————

AVANT-PROPOS.

JEAN-JACQUES ROUSSEAU REDIVIVUS,

AU

LECTEUR.

Tu sais, ami lecteur, que la troisième partie de mes *Confessions* n'a pas encore paru.

Sous l'influence, hélas ! d'une fatalité que j'ai bien souvent déplorée, j'ai eu la faiblesse de m'engager à ne point publier, avant un siècle révolu, la suite de mes *Confessions* à partir du mois d'octobre 1765.

Le délai fatal approche; quoique je sois un des ex-mortels les plus en faveur auprès du Tout-Puissant, comme l'une de mes erreurs a été de combattre au point de vue humain et philosophique la nécessité des miracles, je n'ai pu obtenir du Souverain Maître, dont la volonté se joue de toutes les impossibilités, qu'il enfreignît en ma faveur les lois imprescriptibles de la nature humaine.

Rien, en effet, ne lui eût été plus facile de m'autoriser à fabriquer un manuscrit posthume et de le faire découvrir — comme on en découvre tant d'autres — par un de mes partisans les plus enthousiastes; mais mon divin protecteur a trouvé le moyen un peu usé, et en toute raison.

Il n'a pas voulu toutefois que le grand et sévère enseignement qui devait résulter de cette publication fût entièrément perdu pour l'humanité, et dans un de ses moments de bienveillance toute divine, vingt-cinq ans environ avant l'expiration du siècle, c'est-à-dire avant 1865, il me chargea de l'emploi de greffier de la justice céleste pour assister Jésus-Christ, son fils bien-aimé, dans ses hautes fonctions de rémunérateur du bien et du mal.

A ce titre, je devais donc assister à tous les jugements rendus par ce tribunal sans appel ; mais par une faveur toute spéciale, Dieu m'accordait en même temps le droit de rendre à la vie la première âme qui aurait en elle l'amour passionné de la vérité uni au plus grand courage et au plus parfait désintéressement.

Il me suffirait, pendant que le corps serait encore chaud, de dire à cette âme d'élite, dès que je l'aurais rencontrée : « Tu as encore quelque chose à faire sur la terre ; retournons-y ; reprenons mon œuvre où je l'ai laissée et achevons-la quoiqu'on puisse tenter encore pour nous arrêter. »

Dé 1840 à 1849, j'ai assisté chaque jour à des milliers de jugements de gens qui parlaient et qui écrivaient ma langue, tant français que suisses ou belges, et en dix années je ne trouvai pas une seule de ces natures généreuses exceptionnelles, telle en un mot qu'elle devait être pour me comprendre et terminer mes *Confessions* jusqu'à mon dernier jour.

Mais le 10 juin 1849, à quatre heures du matin, un homme nous arrivait qui, sous prétexte de choléra, avait été empoisonné à cause de son indépendance, de sa hardiesse et de son courage à dire la vérité aux hommes qu'il savait les plus dangereux et les plus puissants.

Je venais donc enfin de rencontrer l'âme que je cherchais, alors que je commençais à en désespérer, par l'ère de matérialisation que je voyais poindre avec la rage des chemins de fer et la soif toujours croissante de l'or et de l'enrichissement à tout prix — même par une exploitation sans

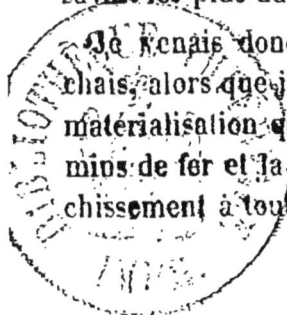

frein de la plume et des lettres, et des sciences et de l'art,
— cette soif qui, par elle-même, est l'étouffement et la né-
gation de toute œuvre vraiment grande et immortelle.

Le mort que j'allais rédiviver avait alors 39 ans, le même
âge que j'avais moi-même lorsque je commençai à écrire,
pour ma gloire immortelle, mais pour le malheur de ma
vie, et comme moi il n'avait encore rien écrit ou du moins
rien imprimé jusqu'alors !...

Dès ce moment je ne le quitte plus ; c'est mon âme qui
est venue animer son corps ; nous ne formons plus qu'un
seul et même individu ; sa nature énergique de montagnard,
enfant de l'Auvergne, complète ma nature indécise et molle,
à moi, né dans la ville au grand lac, où tous les vents sem-
blent souffler à la fois et viennent soulever ses flots pro-
fonds qui se heurtent comme se heurtent dans mon front
les flots tumultueux de mille pensées contraires.

A peine nos deux âmes fondues en une seule sont-elles
revenues à la vie, que l'indignation, ma vieille Egérie,
remplit de nouveau notre cœur d'une colère sourde contre
tous les persécuteurs ; nous prenons aussitôt la résolution
de dévouer cette existence que Dieu vient de nous rendre si
miraculeusement à délivrer à jamais l'humanité de cet abominable fléau qu'on appelle LA PERSÉCUTION RELIGIEUSE,
POLITIQUE ET LITTÉRAIRE.

Notre premier essai fut la peinture ou plutôt l'esquisse,
à la manière de Labruyère, d'un ambitieux dévot assoiffé
d'or et de pouvoir. Le portrait était copié sur l'original vivant *et travaillant*. Il n'avait rien de commun avec le gouvernement définitif issu de la révolution de 1848, dont il
était secrètement un des ennemis les plus dangereux. Mais
il avait de nombreux amis dans les plus hauts emplois ;
l'un d'entre eux occupait un des ministères les plus im-
portants. et, pour le malheur de la France, il put façonner
l'éducation de deux générations selon le caprice et les vœux

lés plus chers de CES MESSIEURS.... de la Société de Jésus et de cella de Saint-Vincent-de-Paul — c'est tout un ! —

Mais tous deux nous comprîmes que pour des temps nouveaux il fallait des procédés nouveaux : Le pamphlet et la brochure sont toujours trop faciles à étouffer, à paralyser et à faire disparaître à force d'argent. et quelquefois pour toujours ; j'ai dit ailleurs quelle est l'activité de l'inquisiteur.

Dans tous les temps, le roman fut un remède pire que le mal.... Aujourd'hui, l'abus qu'on en fait l'a rendu un fléau. presque un véritable choléra moral, et certes l'auteur de la *Nouvelle Héloïse* a le droit de le dire plus haut que personne : IL N'Y A PAS DE BON ROMAN, et le meilleur de tous, sans en excepter même les aventures du fils d'Ulysse, fera toujours plus de mal que de bien. Parlons d'abord. hélas ! de ceux qui se lisent trop souvent au lit, et qu'au moindre bruit on cache en rougissant sous son oreiller !... Oh ! que de jeunes gens des deux sexes étiolés, hébétés, perdus, combien de jeunes ménages à jamais troublés par ces lectures maudites qui ne laissent dans l'âme que le dégoût et la mollesse pour tout ce qui est beau, bon, généreux, pur et chaste ! Ah ! combien toutes ces peintures vertigineuses de passions sensuelles et insensées ont plongé dans le désespoir et dans un deuil éternel de braves et honnêtes familles, qui ne se sont jamais doutées de l'origine et de la cause de leur malheur !....

Quant à ces romans feuilletons, dont tout le mérite. tout l'intérêt et tout le français consiste dans ces mots sommaires : *La suite au prochain numéro,* bornons-nous à déclarer que c'est l'école de l'idiotisme et de l'imbécilité, et que ce serait l'agent le plus désastreux de la plus rapide et de la plus fatale décadence intellectuelle. si tout cela n'était oublié aussitôt que lu ! — Un roman feuilleton chasse l'autre. heureusement ! — Mais le temps perdu à ces lectures abrutissautes, où le retrouver, où le ressaisir?.... quelle vie que celle dépensée à lire ces feuilletons romans!... quel malheur que ces gens-là aient appris à lire !!!

Le théâtre seul, est une chaire aux échos retentissants, aux souvenirs longs et vivaces, aux traces ineffaçables. Depuis Marivaux, la comédie était perdue pour la moralisation publique ; loin d'améliorer elle ne servait, ne s'appliquait qu'à pervertir de plus en plus et à faire dégénérer les mœurs et le goût. La prose adoptée généralement pour ce genre de pièces ou d'exercices dramatiques, à l'usage des commençants, avait multiplié à foison les auteurs soi-disant comiques ou dramatiques et leur trop facile fécondité ; pour écouler ces produits d'un art bâtard, devenu une industrie âpre et rapace au gain, une société se forma en imposant aux directeurs des conditions vraiment léonines et en introduisant le plus déplorable et le plus formidable des monopoles. L'art dramatique, la mission si belle d'auteur comique ne fut plus qu'une boutique et un moyen pour les monopoliseurs de gagner le plus d'argent possible, et c'est ainsi que plusieurs de ces boutiquiers et fabricants de pièces de théâtre, à l'emporte-pièce, devinrent de véritables millionnaires.... — Nous devons faire quelques honorables exceptions.

C'est en voyant les scandales de toute espèce, nés d'un tel état de choses, que nous essayâmes de reprendre la comédie où Molière, Régnard, Lesage et Beaumarchais l'avaient laissée ; dans notre premier drame nous mîmes en scène, en le développant, ce même caractère de dévot fourbe et rapace, que nous n'avions fait qu'esquisser dans notre premier opuscule, en vengeant du même coup le faible innocent des entreprises du méchant et du persécuteur riche, puissant et pervers.

C'est grâce à cette inspiration que je pus relier immédiatement mon existence et mon œuvre nouvelle à mon existence et à mon œuvre ancienne, en ressuscitant d'un seul coup dans des hommes nouveaux, que nous avons appelés les *Holbachiens* modernes, tous les ennemis littéraires, religieux et politiques que j'avais laissés sur la terre, un siècle auparavant, en me courbant et en succombant sous leurs coups acharnés.

A partir de ce moment, ma vie nouvelle fut dans son enveloppe nouvelle la véritable continuation de ma vie ancienne. Ne fallait-il pas tremper au feu de l'indignation et de la colère la plus légitime ce nouvel être dans lequel je venais en quelque sorte de m'infuser?...

De nouveau nous nous voyons traqué, poursuivi, affamé de royaume en royaume, de ville en ville, de maison en maison, de chambre en chambre, non pas par une population ameutée, fanatisée et furibonde qui nous lapide.... — jusques dans notre lit, comme à Motiers-Travers, — non, cela n'est plus dans les mœurs des temps nouveaux... mais, ce qui est bien pire, par une population.... achetée secrètement ou sournoisement à prix d'or.... ou par des promesses de toute espèce, selon la position particulière de la matière achetable.... C'est le système nouveau de l'EMPTORISME (1), et certes, c'est le plus abject et le plus fatal, car il corrompt le sens moral jusques dans sa source.... le cœur, qui n'est bientôt plus qu'un porte-monnaie, ou un portefeuille, selon que l'*emptor* paie en monnaie blanche ou jaune, ou en billets de banque.

C'est donc ainsi que l'on s'entoure et que l'on nous entoure de nouveau d'une véritable armée de complices qui *s'amusent* à paralyser l'écrivain, à tuer le penseur, à assassiner le génie du poète satirique ; ce sont les valets, ins-

_____

(1) Ce mot ne se trouve peut-être pas dans le dictionnaire de l'Académie ; nous l'empruntons au latin du mot *emptor* qui veut dire *acheteur*.

truments vils et abjects de ces bourreaux qui se vantent
hautement de leurs exploits à la face du monde et de la
justice humaine qui n'a plus d'yeux pour voir, ni d'oreilles
pour entendre.

Heureusement, nous nous sommes souvenus que rien ne
désarme des ennemis religieux et littéraires, et que l'uni-
que remède à ce fléau c'est de redoubler d'énergie et de
patience à mesure que la persécution redouble de rage et
de lâches fureurs. Voilà pourquoi plus on nous en fait et
plus nous écrivons ; plus on veut étouffer notre voix, plus
nous la faisons gronder, afin qu'elle couvre tous les bruits
odieux, stupides et discordants que l'on fait faire partout
autour de nous.

Les enseignements du passé n'ont pas été perdus pour
moi ; plus j'avais péché, après mon *Emile*, par faiblesse,
par peur, et par pusillanimité, plus nous payons d'énergie
et d'audace aujourd'hui ! Si rien n'est sacré pour nos ennemis, rien non plus n'est sacré pour notre verve et nos ins-
pirations !... nous disons la vérité aux pouvoirs les plus re-
doutables, aux têtes les plus hautes... autant, bien entendu,
que nous le permettent les lois du pays où nous écrivons...

Toutes les tentations, toutes les offres, toutes les mena-
ces, toutes les intimidations viennent tomber et se briser à
nos pieds!... En vain on nous reproche de *parler trop souvent de nous !*... Nous nous bornons à répondre : « Et de
vous donc?.... » Ne sommes-nous pas obligé de parler du
persécuté pour flétrir et écraser à jamais le *persécuteur ?*
Ne sommes-nous pas contraint de parler du *maudit* pour
condamner à l'exécration éternelle et universelle les lan-
ceurs d'anathème ou les intrigants qui s'en font une arme
ou une mine secrète dans toutes les villes, en cachant et
couvrant leurs haines et leurs rancunes personnelles, mes-
quines et trop intéressées, du manteau d'un intérêt public
quelconque?...

Mais pourquoi ne répéterions-nous point ici ce que nous répondions à ce même reproche, à New-York, en 1854, au moment même où nous venions de commencer cette grande et héroïque campagne qui n'a plus cessé un seul instant depuis près de douze années.

« Cet écrivain a du talent, mais il parle trop souvent
» de lui ; c'est assommant ! » Ainsi vont disant certaines
» gens qui oublient d'ajouter : « Et de nous... dont bien nous
» fâche.

» Répondons néanmoins. — Supposons que vous avez en
» mains un fusil comme ceux du tueur de lions, qui ne rate
» jamais, et qui touche à tout coup la bête au cœur.

» Or, vous voyez autour de vous une bande de loups af-
» famés, des hyènes, des chacals et autres bêtes hideuses
» qui, la bouche béante et terreuse encore des cadavres
» qu'elles ont dévorés dans les cimetières, guettent sans
» cesse vos moindres mouvements, prêtes à se jeter sur
» vous, dès qu'elles le pourront sans danger. Alors, vous
» vous serviriez de votre arme pour les abattre toutes jus-
» qu'à la dernière.

» Et voici précisément ce que nous faisons ; notre arme,
» c'est notre plume..; les hideuses bêtes, ce sont... devinez
» qui... ô Basiles religieux, littéraires et politiques de tous
» les partis, qui, par ennui, dites-vous, avez renoncé à nous
» lire... Vilains menteurs !.... »

Nous faisions également imprimer à Bruxelles, à la date du 23 décembre 1858, sur le même sujet, et en réponse aux mêmes reproches, les lignes suivantes qu'il ne nous semble pas moins utile de reproduire à la suite de celles qui précèdent, et qui ont été écrites à quatre années les unes des autres :

« Aujourd'hui, nous voulons dire encore une fois, et
» expliquer à nos lecteurs et à nos charmantes lectrices

» pourquoi nous avons parlé peut-être trop souvent de no-
» tre journal, de l'Index, de Shylock, des grecs et des bê-
» tes puantes, immondes et malfaisantes, à la solde de ces
» puissances du jour.

» Mon Dieu ! la raison en est bien simple : certains
» *Holbachiens* (1) *du dix-neuvième siècle* avaient juré
» qu'ils vendraient notre prose comme la leur propre ; ils
» avaient juré, en outre, qu'ils étoufferaient notre pensée
» comme notre mémoire... dans les deux sens... enfin,
» qu'ils assassineraient notre raison... Tel est tout le secret
» de notre polémique, de notre guerre et de notre stratégie
» un peu personnelle... ce n'est pas plus sorcier que
» cela !... »

Nous ajoutions plus loin dans ce même article :

« On connaît M. Murphy ; on sait que cet américain
» joue à la fois plusieurs parties d'échecs avec les plus fa-
» meux joueurs, le dos tourné aux échiquiers ; on lui an-
» nonce seulement la marche du jeu de ses adversaires, et
» il les bat tous invinciblement.

» Eh bien, nous faisons mieux encore ; nous jouons éga-
» lement une partie multiple contre des adversaires qui,
» loin de dire leur jeu et de le faire annoncer, le cachent
» avec un soin et un courage dignes d'une telle partie. Il
» faut donc que nous devinions d'avance tous leurs coups,
» et qu'avec la seule pièce qui nous reste depuis huit ans —
» et qu'on a tout tenté pour nous prendre — il faut qu'a-
» vec notre *seul fou*, qui ne donne qu'une fois tous les
» quinze jours (2), il faut qu'il fasse un tel massacre dans

(1) Ce mot remplace ici plusieurs noms propres modernes ; nous ne connaissons que depuis quelques jours la dé-
nomination générale, et si bien trouvée, dans laquelle
Rousseau avait enveloppé tous ses ennemis.

(2) Le journal auquel ces lignes font allusion ne parais-
sait que tous les quinze jours.

» les rangs ennemis que toutes leurs méchancetés, toutes
» leurs bêtises, toutes leurs calomnies, tous leurs menson-
» ges soient mitraillés par la même bordée, à ce point
» qu'il ne reste debout que leur honte et leur confusion.

    » Il faut donc nécessairement que nous répondions par
» anticipation à tous ces *pions* qui obéissent avec un en-
» semble si merveilleux au même mot d'ordre ; il faut,
» enfin, qu'armés de notre seule inspiration, — ou de nos
» pressentiments — nous devinions par la force de notre
» intuition le mal qu'on a dit, qu'on doit dire, ou qu'on
» doit insinuer contre nous, et surtout *les coups de Jarnac*
» que médite pour nous perdre tout ce qu'il y a de pire au
» monde : l'Argent, l'Hypocrisie, l'Impuissance, l'Envie
» et la Méchanceté coalisés pour notre ruine. »

    Il en est des citations comme des faits ; quelques-unes
portent avec elles leurs enseignements comme leurs com-
mentaires ; nous croyons que celles que l'on vient de lire
sont de ce nombre. Bornons-nous donc à répéter que tout
ceci était imprimé à Bruxelles, le 23 décembre 1858.

    Du reste, je conviens volontiers que j'avais donné l'exem-
ple en abusant, dans un grand nombre de mes anciens
écrits, du *fait personnel*, comme on dit aujourd'hui, où
comme on disait jadis, de ce terrible moi si difficile à faire
avaler au lecteur ; à moins qu'un enseignement capital
n'en doive ressortir pour l'avancement moral des générations à venir... Aussi, pour ce qui me concerne, faut-il reconnaître que c'est le moindre des reproches que songe à
m'adresser aujourd'hui la postérité... Les contemporains,
les compatriotes, les amis surtout du martyrisé peuvent nier
ou se refuser à comprendre l'opportunité de ce moi persis-
tant; mais il est rare que les pages où un écrivain se plaint
en termes éloquents — et le vrai l'est toujours — des in-
justices et des persécutions sauvages dont il a été l'objet,
oui, il est rare que ces plaintes n'arrivent point à leur

                                                    3

adresse tôt ou tard, et qu'on n'en tienne point compte à qui de droit.

Qu'est-il resté, en effet, des œuvres de la plupart de ces fameux *Holbachiens* qui, à force de se remuer, de s'agiter et de faire autour d'eux de la poussière... comme un troupeau de moutons... avaient trouvé le moyen de faire tant de bourdonnement autour de leur nom... ce qu'ils prenaient pour du bruit... tandis qu'ils croyaient m'avoir à jamais écrasé et effacé des annales littéraires?... il en est résulté... qu'à part, les lettrés qui font métier de lire aujourd'hui, comme renseignements historiques et littéraires, quelques pages de la correspondance des Grimm, des d'Holbach, des Tronchin, voire même des Diderot et des d'Alembert, cherchez quelqu'un qui, après cent ans à peine, prononce dans le cours de sa vie, ces noms presque tous tombés déjà dans les oubliettes du temps.

Mais si nous pouvions parler, si notre éditeur nous permettait de nommer *les Holbachiens de* 1865, l'un après l'autre, par leurs noms, prénoms et pseudonymes, — car tous ou presque tous affectionnent le prénom, ou le pseudonyme que tout le monde connaît, — oh ! combien nous en verrions qui sont déjà morts ou mourants, et dont la mémoire est éteinte, même de leur vivant, en dépit des annonces et des réclames de toutes sortes dont ils ont fatigué et berné le monde entier !

Mais, que dis-je ?... la plupart d'entre eux ont déjà reçu leur châtiment ici-bas! Pour ceux-ci déjà la justice divine s'est armée de ses carreaux les plus inattendus, les plus foudroyants, et la terre a été jonchée de leurs ruines immenses chaque fois que le persécuté élevant la voix vers l'Eternel l'implorait comme Job, en lui demandant de montrer à ses blasphémateurs qu'il était bien le Dieu juste devant qui tous doivent trembler.

TROISIÈME PARTIE

DES CONFESSIONS

DE

JEAN-JACQUES ROUSSEAU.

LIVRE PREMIER.

I.

Ma lapidation à Motiers-Travers, le 6 septembre 1765. — Incendie de Motiers-Travers le 4 septembre 1865. — Je me réfugie à l'île de Saint-Pierre. — J'en suis chassé le 17 octobre 1765 par Leurs Excellences de Berne. — J'arrive à Bienne. — Gracieux accueil qu'on m'y fait et l'hospitalité que j'y reçois. — Trois jours après on me force à partir. — Je propose à Leurs Excellences, comme la plus grande grâce qu'ils me puissent faire, de me garder enfermé dans une prison d'Etat, sans encre ni papier, et à mes frais, pendant toute ma vie. — Un homme à étouffer.

Le douzième livre de la seconde partie de *mes Confessions* me laissait au moment où je venais d'être obligé de m'enfuir à la hâte de Motiers-Travers, dans le canton de Neuchâtel, pour ne pas être lapidé (1). Depuis plus de six

---

(1) Au moment même où nous venions d'écrire ces lignes, nous lisions dans tous les journaux que cette même ville de Motiers-Travers venait d'être dévorée en partie par les flammes, presque jour pour jour, un siècle après la lapidation de Jean-Jacques Rousseau par les pères des victimes de cet incendie.

Voici ce que Rousseau écrivait à ce sujet *le 7 septembre* 1765, à son éditeur de Paris, M. Guy, successeur de Duchesne :

« A Motiers-Travers, le 7 septembre 1765.

» L'émeute est telle ici, Monsieur, parmi la canaille, que la nuit dernière mes portes ont été forcées, mes vitres cas-

mois déjà la publication de mes *Lettres écrites de la Montagne* avait excité contre moi de nouvelles fureurs à Paris, à Genève et dans toute la Suisse. Messieurs les *Holbachiens et leurs amies* n'avaient pas peu contribué, bien entendu, à cette nouvelle levée de boucliers contre un écrivain qui avait eu l'audace de défendre son nom, sa mémoire et ses intentions si hautement, si perfidement et si sournoisement attaquées, calomniées et dénaturées par des ennemis de toute espèce, de tout rang et de toute robe.

En quittant Motiers-Travers, je m'étais réfugié dans l'île de Saint-Pierre où j'avais tout lieu d'espérer qu'on me permettrait, au moins par humanité, de passer l'hiver qui s'avançait à grands pas ; nous étions au mois d'octobre 1765.

sées, et une pierre grosse comme la tête est venue frapper presque mon lit. On a tenu ce matin une justice extraordinaire ; mais les assassins ne sont pas découverts. Le Ministre (protestant) s'est fait ouvertement chef d'une bande de coupe-jarrets. J'ai reçu ce matin une députation d'une communauté voisine dont je suis membre, pour m'offrir asile, logement, défense et toute assistance possible. Avant d'accepter, je pars demain pour un petit voyage, et, comme il est à présumer que j'aurai cette nuit à soutenir un siège, je suis bien armé, bien escorté, bien résolu, et ne soyez pas en peine de moi ; je vous réponds que les brigands trouveront à qui parler. On croit que le Ministre devient absolument enragé ; vous sentez que jusqu'à ce que je sois fixé je ne puis voir ni même recevoir d'épreuves. Tout ceci est parvenu à un degré de violence qui ne peut durer Je vous écrirai sitôt que l'orage sera passé. En attendant, ne soyez point en peine de moi ; tout va bien, à la santé près.

» Je vous embrasse. »

Quelle leçon pour les villes et toutes les localités qui tourmentent ou laissent tourmenter les écrivains, les poètes qui viennent leur demander l'hospitalité, la tranquillité ! mais nous aurons, dans le cours de ce récit, occasion d'en rappeler plusieurs exemples bien autrement terribles et fatidiques qui prouvent avec quelle vigilance Dieu veille sur les siens, et comme il sait les venger et punir... tôt ou tard leurs bourreaux !...

Mais ce n'était point là le compte de mes bons amis les *Holbachiens de* 1765, et surtout de M. de Voltaire qui trouvait que Motiers-Travers était trop voisin de Ferney.

Depuis un mois à peine j'étais installé dans l'île de Saint-Pierre, lorsque je reçus une lettre du Bailli de Nidau, M. de Graffenried, qui m'intimait l'ordre, de la part de Leurs Excellences de Berne, de sortir immédiatement de tous leurs états.

Ce fut pour moi un véritable coup de foudre. Je ne saurais mieux faire connaître dans quelle disposition d'esprit je me trouvais en ce moment qu'en reproduisant ici quelques-unes des lignes qui terminent le deuxième livre de la seconde partie de mes *Confessions* :

« Si j'avais écouté ma première indignation, je serais parti sur le champ. Mais où aller? que devenir à l'entrée de l'hiver, sans but, sans préparatif, sans conducteur, sans voiture? à moins de laisser tout à l'abandon, mes papiers, mes effets, toutes mes affaires, il me fallait du temps pour y pourvoir, et il n'était pas dit dans l'ordre si on m'en laissait ou non. La continuité de mes malheurs commençait d'affaisser mon courage. Pour la première fois je sentis ma fierté naturelle fléchir sous le joug de la nécessité, et malgré les murmures de mon cœur, il fallut m'abaisser à demander un délai. C'était à M. de Graffenried qui m'avait envoyé l'ordre que je m'adressai pour le faire interpréter. Sa lettre portait une très-vive improbation de ce même ordre, qu'il ne m'intimait qu'avec le plus grand regret ; et les témoignages de douleur et d'estime dont elle était remplie me semblaient autant d'invitations bien douces de lui parler à cœur ouvert : Je le fis. Je ne doutais pas même que ma lettre ne fît ouvrir les yeux à ces hommes iniques sur leur barbarie (1), et que si l'on ne révoquait pas un

_____

(1) Quelle était ma candeur et ma naïveté de croire que ceux que l'on appelle des hommes d'État puissent s'arrêter

ordre si cruel, on ne m'accordât un délai raisonnable, et peut-être l'hiver entier pour me préparer à la retraite, et pour en choisir le lieu.

» En attendant la réponse, je me mis à réfléchir sur ma situation et délibérer sur le parti que j'avais à prendre. Je vis tant de difficultés de toutes parts, le chagrin m'avait si fort affecté, et ma santé en ce moment était si mauvaise que je me laissai tout à fait abattre, et que l'effet de mon découragement fut de m'ôter le peu de ressources qui pouvaient me rester dans l'esprit pour tirer le meilleur parti de ma triste situation. En quelque asile que je voulusse me réfugier il était clair que je ne pouvais m'y soustraire à aucune des deux manières qu'on avait prises de m'expulser : l'une en soulevant contre moi la populace par des manœuvres souterraines ; l'autre, en me chassant à force ouverte, sans en dire aucune raison. Je ne pouvais donc compter sur aucune retraite assurée, à moins de l'aller chercher plus loin que mes forces et la saison ne semblaient me le permettre. Tout cela me ramenant aux idées dont je venais de m'occuper, j'osai désirer et proposer qu'on voulût plutôt disposer de moi dans une captivité perpétuelle, que de me faire errer incessamment sur la terre, en m'expulsant successivement de tous les asiles que j'aurais choisis.

» Deux jours après ma première lettre, j'en écrivis une seconde à M. de Graffenried, pour le prier d'en faire la proposition à leurs Excellences (1). La réponse de Berne à

dans la voie de l'injustice, de l'iniquité et de la violence une fois qu'on s'y est engagé !... Ne faut-il pas que l'on ait raison quand même et ne met-on pas son point d'honneur à ne jamais reculer ?... Quel est l'homme d'Etat qui, depuis Mazarin, Richelieu, Colbert, ne se soit écrié, un jour : « Périsse la France plutôt que mon portefeuille ! »

(1) Voici cette lettre, qui est un véritable monument épistolaire d'ironie navrante et terrible à l'adresse de tous les gouvernements trop dédaigneux de la justice, de la

l'une et à l'autre fut un ordre conçu dans les termes les plus formels et les plus durs de sortir de l'île et de tout le territoire médial et immédiat de la république, dans l'espace

sagesse et de la vérité... et durs aux malheureux et aux persécutés :

LETTRE DCCXVII.

» A M. DE GRAFFENRIED, BAILLI A NIDAU.

» Ile de Saint-Pierre, le 20 octobre 1765.

» Monsieur,

» Le triste état où je me trouve et la confiance que j'ai dans vos bontés me déterminent à vous supplier de vouloir bien faire agréer à Leurs Excellences une proposition qui tend à me délivrer une fois pour toutes des tourments d'une vie orageuse, et qui va mieux, ce me semble, au but de ceux qui me poursuivent que ne fera mon éloignement. J'ai consulté ma situation, mon âge, mon humeur, mes forces ; rien de tout cela ne me permet d'entreprendre, en ce moment et sans préparation, de longs et pénibles voyages, d'aller errant dans des pays froids, et de me fatiguer à chercher au loin un asile, dans une saison où mes infirmités ne me permettent pas même de sortir de la chambre. Après ce qui s'est passé, je ne puis me résoudre à rentrer dans le territoire de Neuchâtel, où la protection du prince et du gouvernement ne saurait me garantir des fureurs d'une populace excitée qui ne connaît aucun frein ; et vous comprenez, Monsieur, qu'aucun des États voisins ne voudra ou n'osera donner retraite à un malheureux si durement chassé de celui-ci.

» Dans cette extrémité, je ne vois pour moi qu'une seule ressource, et, quelqu'effrayante qu'elle paraisse, je la prendrai non-seulement sans répugnance mais avec empressement, si Leurs Excellences veulent bien y consentir : c'est qu'il leur plaise que je passe en prison le reste de mes jours dans quelqu'un de leurs châteaux, ou tel autre lieu de leurs États qu'il leur semblera bon de choisir. J'y vivrai à mes dépens et je donnerai sûreté de n'être jamais à leur charge ; je me soumets à n'avoir ni papier, ni plume, ni aucune communication au-dehors, si ce n'est pour l'absolue nécessité et par le canal de ceux qui seront chargés de moi ; seulement qu'on me laisse, avec l'usage de quelques

de vingt-quatre heures, et de n'y rentrer jamais sous les
plus grièves peines.

» Ce moment fut affreux. Je me suis trouvé dans de pi-

livres. la liberté de me promener quelquefois dans un jar-
din, et je suis content.

» Ne croyez point, Monsieur, qu'un expédient si violent
en apparence soit le fruit du désespoir ; j'ai l'esprit très-
calme en ce moment : je me suis donné le temps d'y bien
penser. et c'est d'après la profonde considération de mon
état que je m'y détermine. Considérez, je vous supplie, que,
si ce parti est extraordinaire, ma situation l'est encore
plus : mes malheurs sont sans exemple ; la vie orageuse
que je mène sans relâche, depuis plusieurs années, serait
terrible pour un homme en santé ; jugez ce qu'elle doit être
pour un pauvre infirme épuisé de maux et d'ennuis, et qui
n'aspire qu'à mourir en paix. Toutes les passions sont
éteintes dans mon cœur ; il n'y reste que l'ardent désir du
repos et de la retraite : je les trouverais dans l'habitation
que je demande. Délivré des importuns, à couvert de nouvelles catastrophes, j'attendrais tranquillement la dernière,
et n'étant plus instruit de ce qui se passe dans le monde,
je ne serais plus attristé de rien. J'aime la liberté, sans
doute ; mais la mienne n'est point au pouvoir des hommes,
et ce ne sont ni des murs ni des clefs qui me l'ôteront.
Cette captivité, Monsieur, me semble si peu terrible, je
sens si bien que je jouirais de tout le bonheur que je puis
encore espérer dans cette vie, que c'est par là même que,
quoiqu'elle doive délivrer mes ennemis de toute inquiétude à
mon égard, je n'ose espérer de l'obtenir ; mais je ne veux
rien avoir à me reprocher vis-à-vis de moi, non plus que vis-
à-vis d'autrui : je veux pouvoir me rendre témoignage que
j'ai tenté tous les moyens praticables et honnêtes qui pouvaient m'assurer le repos, et prévenir les nouveaux orages
qu'on me force d'aller chercher.

» Je connais, Monsieur, les sentiments d'humanité dont
votre âme généreuse est remplie ; je sens tout ce qu'une
grâce de cette espèce peut vous coûter à demander ; mais
quand vous aurez compris que, vu ma situation, cette
grâce en serait en effet une très-grande pour moi ; ces mêmes sentiments, qui font votre répugnance, me seront ga-
rants que vous saurez la surmonter. J'attends, pour prendre définitivement mon parti, qu'il vous plaise de m'honorer de quelque réponse. »

res angoisses, jamais dans un plus grand embarras, etc. »
(*Les Confessions*, partie II, livre XII, page 75, tome neu-
vième, édition Hachette).

Continuons ou plutôt reprenons cette citation quelques
pages plus loin afin de rappeler au lecteur comment je
quittai définitivement la Suisse pour ne plus la revoir....
jusqu'au jour où ma statue devait se dresser, comme un reproche vivant et éternel, sur les places publiques de ma
chère et ingrate patrie.

» A mon départ de l'île, Kirchberger m'accompagna jusqu'à Bienne. J'y trouvai Wildremet et quelques autres Bien-
nois qui m'attendaient à la descente du bateau. Nous dînâ-
mes tous ensemble à l'auberge; et en y arrivant mon premier soin fut de faire chercher une chaise, voulant partir dès
le lendemain matin. Pendant le dîner, ces messieurs reprirent
rent leurs instances pour me retenir parmi eux, et cela
avec tant de chaleur et des protestations si touchantes, que,
malgré toutes mes résolutions, mon cœur, qui n'a jamais su
résister aux caresses, se laissa émouvoir aux leurs; sitôt
qu'ils me virent ébranlé, ils redoublèrent si bien leurs ef-
forts, qu'enfin je me laissai vaincre et consentis de rester à
Bienne, au moins jusqu'au printemps prochain.

« Aussitôt Wildremet se pressa de me pourvoir d'un
logement et me vanta, comme une trouvaille, une vilaine
petite chambre sur un derrière, au 3ᵐᵉ étage, donnant sur
une cour, où j'avais pour régal l'étalage des peaux puantes d'un chamoiseur. Mon hôte était un petit homme de
basse mine et passablement fripon, que j'appris le lendemain être débauché, joueur, et en fort mauvais prédica-
ment dans le quartier; il n'avait ni femme, ni enfants, ni
domestiques; et, tristement reclus dans ma chambre so-
litaire, j'étais, dans le plus riant pays du monde, logé de
manière à périr de mélancolie en peu de jours. Ce qui
m'affecta le plus, malgré tout ce qu'on m'avait dit de l'em-

pressement des habitants à me recevoir, fut de n'apercevoir, en passant dans les rues, rien d'honnête envers moi dans leurs manières, ni d'obligeant dans leurs regards. J'étais pourtant tout déterminé à rester là, quand j'appris, vis et sentis, même dès le jour suivant, qu'il y avait dans la ville une fermentation terrible à mon égard. Plusieurs empressés vinrent obligeamment m'avertir qu'on devait, dès le lendemain, me signifier, le plus durement qu'on pourrait, un ordre de sortir sur-le-champ de l'État, c'est-à-dire de la ville. Je n'avais personne à qui me confier; tous ceux qui m'avaient retenus s'étaient éparpillés. Wildremet avait disparu, je n'entendis plus parler de Barthès, et il ne parut pas que sa recommandation m'eût mis en grande faveur auprès des patrons et des pères qu'il s'était donnés devant moi. Un M. de Vau-Travers, bernois qui avait une jolie maison proche la ville, m'y offrit cependant un asile, espérant, me dit-il, que j'y pourrais éviter d'être lapidé. L'avantage ne me parut pas assez flatteur pour me tenter de prolonger mon séjour chez ce peuple hospitalier.

» Cependant ayant perdu trois jours à ce retard, j'avais déjà passé de beaucoup les vingt-quatre heures que les Bernois m'avaient données pour sortir de leurs États, et je ne laissais pas, connaissant leur dureté, d'être en quelque peine sur la manière dont ils me les laisseraient traverser, quand M. le Bailli de Nidau vint tout à propos me tirer d'embarras. Comme il avait hautement improuvé le violent procédé de Leurs Excellences, il crut, dans sa générosité, me devoir un témoignage public qu'il n'y prenait aucune part, et ne craignit pas de sortir de son baillage pour venir me faire une visite à Bienne. Il vint la veille de mon départ; et loin de venir incognito, il affecta même du cérémonial, vint *in fiocchi* dans son carrosse, avec son secrétaire, et m'apporta un passe-port en son nom, pour traverser l'État de Berne à mon aise, et sans crainte d'être inquiété. La visite me toucha plus que le passe-port. Je n'y aurais guère été moins sensible, quand elle aurait eu pour objet un autre que moi. Je ne connais rien de si puissant sur mon cœur qu'un acte de courage fait à propos en faveur du faible injustement opprimé.

» Enfin, après m'être avec peine procuré une chaise, je partis le lendemain de cette terre homicide, avant l'arrivée de la députation dont on devait m'honorer, avant même d'avoir pu revoir Thérèse, à qui j'avais marqué de me venir joindre, quand j'avais cru m'arrêter à Bienne, et que j'eus à peine le temps de contre-mander par un mot de lettre, en lui marquant mon nouveau désastre. On verra, dans ma TROISIÈME PARTIE, *si jamais j'ai la force de l'écrire*, comment, croyant partir pour Berlin, je partis en effet pour l'Angleterre. et comment les deux dames qui devaient disposer de moi, après m'avoir, à force d'intrigues, chassé de la Suisse où je n'étais pas assez en leur pouvoir, parvinrent enfin à me livrer à leur ami. »

Terminons ces citations — qui nous ont paru indispensables pour raccorder la deuxième partie avec la troisième, qui s'est fait si longtemps attendre, — par cette solennelle déclaration qui clôt le livre de mes premières *Confessions* :

» J'ai dit la vérité : si quelqu'un sait des choses contraires à ce que je viens d'exposer, fussent-elles mille fois prouvées, il sait des mensonges et des impostures ; et s'il refuse de les approfondir et de les éclaircir avec moi, tandis que je suis en vie, il n'aime ni la justice ni la vérité. Pour moi, je le déclare hautement et sans crainte : quiconque, même sans avoir lu mes écrits, examinera par ses propres yeux mon naturel, mon caractère, mes mœurs, mes penchants, mes plaisirs, mes habitudes, et pourra me croire un malhonnête homme, EST LUI-MÊME UN HOMME A ÉTOUFFER !...... »

———

AU PUBLIC INTELLIGENT.

Quand, depuis trois mois, je vois *le Petit Journal*
noncer avec tant de fracas, par ses 220 mille tirages,
Résurrection de Rocambole ; quand je vois M. de Villen
sant éprouver le besoin d'accoucher d'un nouveau jour
l'*Evénement*, pour publier *ses Mémoires*, à 10 centime
numéro ; quand je vois *le Soleil....* d'hiver remplacer c
de notre été torride qui se cache enfin pour laisser son
tit frère nous éblouir seul de son esprit étincelant... con
une pièce de 10 centimes de nikel belge ; quand je vois,
fin, *Les Nouvelles* elles-mêmes faire feu des quatre pied
et de leurs sabots — pour être *nouvelles* sans pouvoii
rajeunir.... n'est-ce point le comble de l'audace, à moi
pauvre et infortuné Jean-Jacques Rousseau, de préten
attirer un peu de votre intérêt sur l'odyssée de mes malhe
et les inénarrables souffrances des douze dernières ani
de ma triste existence ?...

Ah ! si j'étais *Rocambole....* ou.... mais mon éditeur
fend que je nomme personne !.... Je me bornerai doc
vous rappeler, chers lecteurs, que je suis mort pau
comme Job, et comme tous les vrais génies, et que
compte un peu sur votre bon et généreux concours p
cet ouvrage de haute morale, et si capital, par ce temps
littérature qui court... les rues... !

JEAN-JACQUES ROUSSEAU, REDIVIVUS.

Ermenonville-Chamalières, le 1ᵉʳ novembre, 1865.

Typ. A. Veysset, à Clermont-Fᵈ

www.ingramcontent.com/pod-product-compliance
Lightning Source LLC
Chambersburg PA
CBHW060748280326
41934CB00010B/2403